정화

미지의 바닷길을 열고 세계를 품다

지은이 데미

미국 케임브리지에서 태어난 데미는 미국, 멕시코, 인도에서 공부하며 중국인 남편과 결혼했습니다. 지금은 미국 워싱턴에 살면서 세계 여러 나라의 옛이야기와 인물 이야기를 그림책으로 만들고 있습니다. 펴낸 책으로 『빈 화분』『배고픈 외투』『위대한 평화의 심부름꾼 간디』『사랑으로 기적을 일으킨 마더 테레사』『삶의 진리를 깨달아 인간의 고통을 씻어 준 붓다』 등이 있으며, 『배고픈 외투』로 2005년 크리스토퍼상을 받았습니다. 모든 이들의 위대한 항해를 바라는 마음으로 이 책을 쓰고 그렸습니다.

옮긴이 신재일

한국외국어대학교에서 정치학 박사학위를 받았습니다. 한국외국어대학교, 서울교육대학교 등에서 정치학을 가르치며 어린이·청소년 논픽션 작가로 활동하고 있습니다. 지은 책으로 『열두 살에 처음 만난 정치』『둥글둥글 지구촌 인권 이야기』『세상을 바꾼 사람들』 등이, 옮긴 책으로 『군주론』 『카월라위브』『간디의 소금행진』 등이 있습니다.

The Great Voyages of Zheng He by Demi

Copyright© 2012 by Demi. Permission arranged with Shen's Books, an imprint of Lee & Low Books, Inc., New York, NY 10016.
All rights not specifically granted herein are reserved.
Korean Translate Copyright© 2014 by Munhakdongne Publishing Group.
This Korean Language Edition was published by arrangement with Shen's Books through The Agency Sosa.

이 책의 한국어판 저작권은 에이전시 소사를 통해 Shen's Books와 독점 계약한 (주)문학동네에 있습니다.
저작권법에 의해 한국 내에서 보호를 받는 저작물이므로 무단 전재 및 무단 복제를 금합니다.

정화 미지의 바닷길을 열고 세계를 품다

초판인쇄 2014년 12월 2일 | 초판발행 2014년 12월 15일
지은이 데미 | 옮긴이 신재일 | 펴낸이 강병선 | 책임편집 서정민 | 편집 엄희정 이복희 | 디자인 이지선 | 마케팅 정민호 나해진 이동엽 김철민 | 온라인 마케팅 김희숙 김상만 한수진 이천희 | 제작 강신은 김동욱 임현식 | 제작처 미광원색사(인쇄) 신안제책사(제본) | 주소 413-120 경기도 파주시 회동길 210 | 펴낸곳 (주)문학동네
출판등록 1993년 10월 22일 제406-2003-000045호 | 전자우편 kids@munhak.com | 홈페이지 www.munhak.com | 카페 cafe.naver.com/mhdn | 페이스북 facebook.com/kidsmunhak | 트위터 @kidsmunhak | 대표전화 (031)955-8888 팩스 (031)955-8855 문의전화 (031)955-8890(마케팅) (02)3144-3241(편집)
ISBN 978-89-546-2659-0 77840

이 도서의 국립중앙도서관 출판예정도서목록(CIP)은 서지정보유통지원시스템 홈페이지(http://seoji.nl.go.kr)와 국가자료공동목록시스템(http://www.nl.go.kr/kolisnet)에서 이용하실 수 있습니다.(CIP제어번호: CIP2014033885)

정화

미지의 바닷길을 열고
세계를 품다

데미 DEMI 글·그림 | 신재일 옮김

문학동네

1371년, 중국 남서쪽 고원지대인 윈난에서 한 남자아이가 태어났습니다. 아이의 이름은 마화입니다. 마화의 집안은 '무함마드'라는 뜻의 '마' 씨 성을 지닌 이슬람교도였지요. 마화는 집안 대대로 전해져 오는 이야기들을 들으며 자랐습니다. 페르시아에서 태어나고 자란 조상들이 중국까지 오게 된 이야기, 고조할아버지가 몽골의 왕 칭기즈칸을 도와 전쟁을 치렀던 이야기 그리고 아버지가 메카로 성지순례를 다녀온 이야기까지 다양했지요. 모험담을 좋아한 마화는 『신드바드의 모험』을 여러 번 읽기도 했습니다. 흥미진진한 이야기를 듣고 읽으며 마화는 넓은 세상에 대한 호기심을 키워 갔습니다.

그때 중국 대륙에는 몽골족의 나라인 원나라가 멸망하고 주원장이 세운 명나라가 들어섰습니다. 마화가 열 살이 되던 해, 명나라 군대는 원나라의 남은 지배자들이 다스리던 윈난을 침략했습니다. 명나라 병사들은 황실과 귀족에게 바치기 위해 어린 남자아이들을 노예로 잡아들였고, 가족을 잃은 마화 또한 명나라의 수도 난징으로 끌려갔습니다.

마화는 명나라 황궁에서 환관으로 교육을
받게 되었습니다. 영리하고 성실하며 무술에도
능한 마화는 '세 가지 보물'이라는 뜻의
'삼보'라는 별명도 얻었습니다. 마화의 재능을
알아본 황제의 아들 주체는 마화를 자신의
신하로 삼았습니다.

당시 명나라에서는 황제의 자리를 둘러싸고
수많은 경쟁자들이 다투고 있었습니다.
주체는 황제 주원장의 넷째 아들이었지요.

1398년, 황제가 죽자 맏손자 주윤문이
제2대 황제 건문제가 되었습니다. 건문제는
황제의 자리에 올라 자신을 위협하는 왕자들의
지위와 권력을 빼앗기 시작했습니다.

건문제가 자신의 지위를 위협해 오자 주체는 스스로 황제가 되기로 마음먹었습니다. 주체는 지략이 뛰어난 마화에게 군사전략을 맡겼습니다. 덕분에 1402년, 주체가 일으킨 반란은 성공하였고, 주체는 명나라 제3대 황제 영락제가 됩니다.

영락제는 마화의 충성에 대한 보답으로
엄청난 부와 관직을 내렸습니다. 그리고
마화에게 중국 귀족의 '정' 씨 성을 주었습니다.
마화는 정화라는 새로운 이름을 얻은 후,
노력을 게을리하지 않고 더욱 성실히 일하여
주변 사람들의 존경과 신임을 얻었습니다.

영락제에게는 큰 꿈이 있었습니다.
명나라를 세상에서 가장 크고
강력한 나라로 만드는 것이었지요.
영락제는 수도를 베이징으로 옮기려는 계획을
갖고 있었습니다. 그리고 베이징에 이전의
황궁과는 비교할 수 없을 정도로 웅장한
새 황궁을 짓고자 했습니다.

영락제는 대운하를 수리하여 베이징까지 물자를 조달했고, 만리장성을 더욱 튼튼히 하여 북방 민족의 침입을 막았습니다. 명나라를 최강대국으로 키우기 위해 온 힘을 다했지요.

먼 나라에 명나라의 위대함을 보여 주고자 한 영락제는 거대한 선단을 꾸려 많은 나라와 교류하기로 마음먹었습니다. 영락제는 그 일을 정화에게 맡겼습니다. 정화의 용맹함과 다양한 분야에 걸친 해박한 지식을 높이 샀기 때문입니다.

당시 사람들은 정화에 대해 "2미터 가까이 되는 큰 키에 허리둘레는 1.5미터나 되고, 걸음걸이는 호랑이와 같으며 목소리는 종소리처럼 우렁우렁하다."고 이야기했습니다. 영락제는 그런 정화가 무리들을 잘 통솔하여 명나라의 위세를 세계에 떨치리라 믿었습니다. 정화는 가슴이 뛰는 걸 느꼈습니다. 어린 시절에 들었던 모험 이야기가 곧 눈앞에 펼쳐질 듯했으니까요.

정화는 전력을 다해 원정을 준비했습니다. 정화는 1403년부터 2년 동안 62척의 '보선'을 지었습니다. '보물선'이라는 뜻의 보선은 정화 선단의 중심이 되어 다른 배들을 이끌었습니다. 길이 120미터, 폭 50미터의 보선에는 9개의 돛대와 12개의 돛이 있었습니다. 약 1만 5천 톤의 무역품을 실을 수 있는 대규모 배였습니다. 그로부터 95년 뒤에 바스코 다 가마가 지은 기함보다 열 배나 컸습니다.

정화의 선단에는 말처럼 빠르게 움직여 보선을 호위하는 '마선'을 비롯해 선원과 군대가 타는 배, 전투를 위한 배, 물건을 싣는 배 등 다양한 목적의 배가 있었습니다. 모두 317척의 배가 완성되자 2만 7천여 명의 대인원이 배에 올랐습니다. 대부분은 선원과 군인이었지만 관료 수백 명과 의사 180명을 비롯해 돛을 꿰매는 직공, 대장장이, 요리사, 통역관, 상인, 회계사 등 수많은 사람들이 함께했습니다. 마치 도시 하나가 통째로 바다로 떠나는 것 같았습니다.

영락제와 정화는 안전한 항해를 위해
바다의 여신 마조에게 기도를 올렸습니다.
훗날 정화는 항해 중 위기를 만날 때마다
마조의 도움으로 벗어날 수 있었다고
말했습니다.
"파도가 일렁이는 바다에서 벼락을
만날 때마다 구름 사이에서 여신이 나타났고,
햇빛처럼 강렬한 붉은 섬광이 배를 비추었다네.
그러면 바다는 언제 그랬냐는 듯 잠잠해졌고,
우리는 항해를 계속할 수 있었다네."

1405년, 드디어 정화가 이끄는 대선단이 첫 원정에 나섰습니다. 인도차이나반도의 참파로 떠나는 길이었습니다.

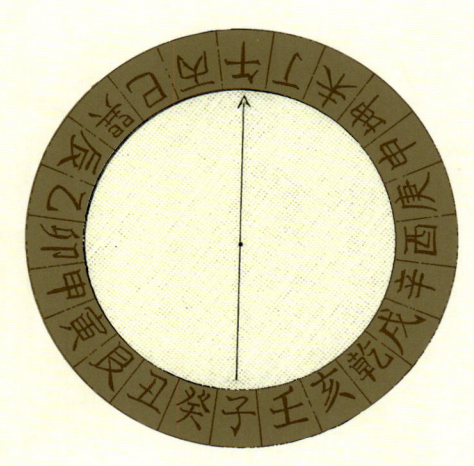

정화는 중국 해도와 나침반, 그리고 자신의 천문학적 지식을 십분 활용했습니다. 해, 달, 별을 관찰하여 바다 한가운데에서 배의 위치를 파악했고, 조류, 섬, 해협 등의 정보가 정확히 수집된 해도를 참고하며 나침반으로 배의 방향을 잡아 나갔습니다. 덕분에 미리 정해 놓은 바닷길을 따라 목적지까지 안전하게 항해할 수 있었지요.

도자기, 비단, 향료, 기름, 차 등 수백 가지의 무역품을 실은 정화의 배는 새로운 세계를 향해 순조롭게 나아갔습니다.

정화가 이끄는 선단은 참파를 거쳐 남쪽의 자바 섬과 수마트라 섬을 차례로 방문했습니다. 사람들은 붉은 돛을 단 수백 척의 배가 바다를 가로질러 오는 광경에 놀라움을 감추지 못했습니다. 정화 일행은 각 나라마다 머무르며 명나라에서 가져온 물건을 선보였습니다. 명나라의 휘황찬란한 무역품은 단숨에 사람들의 이목을 끌었지요.

정화는 화려한 무역품뿐 아니라 너그럽고 올곧은 성품으로 이국 사람들의 마음을 열었습니다. 어디에서든 병들고 가난한 사람들을 보살피는 정화를 사람들은 존경했습니다. 정화는 평화로운 외교 관계를 맺어 나갔습니다.

정화는 수마트라 섬에서 악명 높은 중국 해적 진조의에 대한 하소연을 듣게 되었습니다. 진조의가 5천 명의 선원들을 이끌고 주변 교역로를 장악한 채 약탈도 서슴지 않는다는 것이었습니다. 정화는 이 해적단 때문에 주변 나라들과의 교역이 어려울 것이라 판단하고 전투를 벌였습니다. 진조의의 해적단은 정화의 병사들 앞에서 힘 한번 쓰지 못하고 무너져 내렸습니다.

이후 명나라의 막강한 힘을 깨달은 주변 국가들이 명나라에 조공을 바쳐 왔습니다. 영락제는 친교를 맺은 나라들에게 군사적 보호를 약속했습니다.

정화는 루비, 사파이어, 토파즈 등 귀한 보석이 많기로 유명한 실론 섬으로 향했습니다. 실론 산 정상에는 '부처의 발자국'이라 불리는 커다란 발자국이 있었습니다. 이슬람교도는 그것이 아담의 발자국이라고 했고 힌두교도는 시바의 발자국이라고 했습니다. 그러자 정화는 "그것은 모두의 발자국입니다."라고 말했습니다. 종교란 누구나 자유롭게 숭배할 수 있는 거라 믿었기 때문이지요.

이윽고 정화는 퀼론, 도친, 캘리컷으로 나아가며 외교 관계를 맺었습니다. 정화는 그중에서도 캘리컷이 무척 마음에 들었습니다. 항구도시 캘리컷에는 세계 각지에서 온 상인들로 활기가 넘쳤고, 다양한 문물들이 자유롭게 교류되고 있었습니다.

그 모습에 깊은 인상을 받은 정화는 더 넓은 세계를 만나고 싶었습니다.

정화는 첫 원정을 성공적으로 마치고 여러 나라의 사신들과 함께 명나라로 돌아갔습니다.

영락제는 각국의 사신들이 가져온 코끼리, 앵무새, 공작새 같은 진귀한 동물들을 보고 크게 기뻐했습니다. 영락제는 이에 대한 답례로 금과 황실 의상, 질 좋은 문방구를 선물했습니다.

사신들이 돌아가자 영락제는 정화에게
두 번째 원정을 명했습니다. 1407년, 두 번째
원정을 통해 정화는 인도양 교역로를 더욱
넓혔습니다.

1409년, 세 번째 원정 도중 정화 일행은 실론 섬에서 내전을 만났습니다. 힌두교도와 이슬람교도가 불교를 믿는 실론 왕을 몰아내기 위해 싸우고 있었던 것입니다. 이에 정화는 군대를 이끌고 들어가 내전을 중재했습니다. 정화의 원정길에서 명나라 군대가 육지에서 참가한 유일한 전쟁이었습니다.

정화는 평화를 지키기 위해 실론의 항구에 거대한 삼각형 돌을 세웠습니다. 중국어, 타밀어, 페르시아어로 새긴 글에서 정화는 알라, 부처, 시바를 모두 언급하며 신들의 자비에 감사를 표했습니다. 이 세상이 알라, 부처, 시바의 이름으로 서로 싸우고 있을 때, 정화는 모든 언어로 모든 종교를 포용하고 세계 평화를 염원했던 것입니다.

세 번의 원정을 마치자, 영락제는 엄청난 양의 보물을 갖게 되었습니다. 그래서 난징에 호화로운 탑을 세웠습니다. 9층탑은 20년에 걸쳐 70미터까지 올라갔습니다. 오색 빛깔의 자기로 지은 탑 위에는 동물 문양을 정교하게 조각해 넣었습니다. 곳곳에 달린 152개의 종이 바람결에 아름다운 소리를 냈고, 금박으로 덮인 탑의 꼭대기는 햇빛을 받아 반짝반짝 빛났습니다.

세계 불가사의 중 하나인 이 탑은
중국 대보은사의 상징으로 '대보은사탑'이라
불렸습니다. 대보은사는 수많은 건물과 정원,
그리고 이국적인 나무들이 있는 아름다운
곳이었지요.

1413년, 정화는 네 번째 원정을 시작했습니다. 이번에는 좀 더 멀리 아라비아반도로 향했습니다. 이번 항해에는 황실 기록관과 학자들이 함께했습니다. 기록관은 항해 중에 만난 사람들과 장소를 모두 꼼꼼하게 기록했습니다. 이국 사람들의 믿음, 풍습, 역사, 지리는 물론 희귀한 동식물도 놓치지 않고 적었지요. 기상학자들은 날씨를 기록했고, 항해사들은 미지의 바닷길을 지도로 그렸습니다. 정화의 원정대는 바다에 떠다니는 백과사전이나 다름없었습니다.

페르시아만의 호르무즈에 도착하자,
정화는 마치 고향에 온 느낌이 들었습니다.
그곳 사람들 대부분이 이슬람교도였기
때문입니다. 정화는 호르무즈에 머무르며 많은
친구를 사귀었고, 그곳의 문화 전반에 걸친
오랜 전통에 감동했습니다.
호르무즈는 국제 교역 중심지로 진귀한
무역품이 가득했습니다. 덕분에 정화는
진주, 산호, 금, 은과 같은 고급 보석과 사자,
표범 등 명나라에서는 볼 수 없는 동물들을
구할 수 있었지요.

이즈음 세계에서 명나라의 영향력은
정점에 달했습니다. 중국해와 인도양 그리고
동아프리카 해안까지 명나라의 영향력 아래
놓여 있었지요. 명나라 황실에는 향유고래기름,
별보배조개, 사파이어, 루비, 토파즈, 페르시아
카펫 등 여러 나라에서 보내온 보물이
넘쳐났습니다.

영락제는 특히 아라비아에서 온 안경과 소말리아에서 온 기린을 마음에 들어 했습니다. 기린은 중국 전설 속에 나오는 상상의 동물입니다. 전설 속 기린은 행운을 상징하는 상서로운 동물로, 평화로운 번영의 시기에만 나타난다고 전해졌습니다. 고기를 먹지 않으며 살아 있는 생명을 밟지 않는 기린은 위대함의 상징이었습니다.

1417년, 영락제는 정화에게 다섯 번째 원정을 명령했습니다. 정화의 원정대는 여러 나라의 사신들을 안전하게 귀국시킨 뒤 아라비아반도와 동아프리카 해안의 교역로를 넓히기로 했습니다. 정화는 아라비아반도의 도파르, 무칼라, 아덴 그리고 동아프리카 해안의 모가디슈, 브라와, 말린디를 차례로 방문해 외교 관계를 맺었습니다.

다섯 번째 원정으로 영락제는 더욱 많은 동물들을 얻게 되었습니다. 영락제는 사자, 흰기러기, 표범, 얼룩말, 타조, 코뿔소, 코끼리 등 이국의 다양한 동물들로 황실 정원을 꾸몄습니다. 그렇게 중국 최초의 동물원이 탄생했답니다.

1421년, 명나라의 새 황궁인 자금성이 완성되자 영락제는 베이징으로 수도를 옮기고 이를 기념하기 위해 큰 잔치를 열었습니다. 수천 명의 해외 사절단, 관료, 장군 등 엄청난 인파가 베이징에 모여들고 기린들이 성문 앞을 행진하며 명나라가 언제까지나 번영하기를 기원했습니다. 명나라는 이제 명실공히 세계 최강대국이 되었습니다.

영락제는 정화에게 베이징을 방문한 사신들을 안전하게 귀국시키라는 명을 내렸습니다. 정화는 여섯 번째 원정에 나서 사신들을 배웅하고 동아프리카 해안까지 항해하며 각국에 인사를 전했습니다.

그런데 얼마 지나지 않아 명나라에 불행이
닥쳤습니다. 1421년 5월 9일, 자금성이
벼락을 맞아 건물 일부가 불에 타 무너졌고,
불은 베이징 시내로 번졌습니다. 그해 흉년이
들어 수많은 사람들이 굶주리고 전염병에
시달리기도 했습니다.

백성들의 원성이 높아져 나라 곳곳에서 반란이 일어났고, 서쪽의 타타르족과 북쪽의 오이라트족이 명나라 국경을 호시탐탐 노리고 있었습니다. 나라가 어지러워지자 영락제는 정화의 원정을 중단시킬 수밖에 없었습니다.

1424년 8월 12일, 영락제가 예순넷의 나이로 숨을 거두었습니다. 정화는 영락제가 편히 쉬기를 기도했습니다.
영락제의 뒤를 이어 황제가 된 홍희제는 아버지인 영락제의 외교 정책에 대해 비판적이었습니다. 몇 번씩이나 되풀이되었던 정화의 원정이 나라 경제를 어렵게 했다고 판단한 것입니다. 결국 홍희제는 "대원정을 완전히 중단한다."고 선언했습니다.

홍희제는 정화에게 난징을 수비하도록 했습니다. 정화의 배들은 방치되었고 항해 설비와 기록은 파괴되었습니다. 그동안 정화가 쌓은 업적이 물거품이 되고 말았지요. 정화는 다시 바다로 나갈 기회는 찾아오지 않으리라고 체념했습니다.

그러나 홍희제는 즉위한 지 1년여 만에 갑자기 세상을 떠나고 말았습니다. 이어서 황제의 자리에 오른 선덕제는 다시 수많은 나라들을 명나라의 손님으로 만들고 싶어 했습니다. 그래서 곧장 정화에게 일곱 번째 원정을 명령했습니다. 정화는 다시 베이징으로 돌아와 배를 짓기 시작했습니다.

1431년, 정화의 일곱 번째 원정은 규모가 가장 컸습니다. 350척의 배와 2만 8천 명 가량의 인원이 항해에 나섰으니까요.

정화는 동아프리카 해안까지 항해하며 들르는 항구마다 평화로운 교역을 이어 갔고, 이전의 우호 관계를 회복했습니다.
정화는 다시 마주한 바다의 풍경이 꿈만 같았습니다. 정화는 이렇게 말했습니다.
"우리는 파란 공기 속에서 솟구치는 파도를 보았네. 구름 같은 돛을 돋워 올리고 파도를 가로질렀네. 밤낮으로 우리는 별처럼 빠르게 나아갔다네."

인도양을 건너 명나라로 돌아오던 길,
정화는 몸 상태가 매우 나빠져
앓아눕고 말았습니다. 정화는
배 위에서 죽음을 예감했습니다.
아직 가 보지 못한 곳이 많았지만
결국 어릴 적 품었던 꿈은
이룬 셈이라고 생각했습니다.
정화는 예순둘의 나이로 조용히 눈을
감았습니다.
이슬람교 전통에 따라, 정화는 머리를 메카로
향한 채 바다에 묻혔고, 정화를 존경하던
선원들은 기도문을 외며 경건한 작별 인사를
올렸습니다. 정화의 신발과 머리카락만이
난징으로 돌아와 무덤에 묻혔습니다.

정화의 일곱 번째 원정을 마지막으로
중국 역사에서 가장 화려했던 대원정이 끝을
맺었습니다. 그 후 오랫동안 중국 선단이
바다로 나가는 일은 없었습니다.

탁월한 통찰력과 겸손, 해박한 지식과 너그러운 포용력을 지닌 정화는 많은 유산을 남기고 떠났습니다. 정화의 강력한 함대는 새로운 중국을 건설하는 토대가 되었고 정화가 이끌었던 수백 척의 배는 중국의 문화를 전 세계로 퍼뜨렸습니다.

정화는 평화롭게 교역하는 세상을 꿈꿨습니다.
지식이 성장하고, 서로 다른 종교와 문화가
존중받으며 전 세계인이 함께 어울리는 세상
말입니다.